# RITA

## OU

# LE MARI BATTU

Opéra comique en un acte

PAR

## M. GUSTAVE VAEZ

MUSIQUE DE

# DONIZETTI

Représenté pour la première fois, à Paris, sur le théâtre de
l'Opéra-Comique, le 7 mai 1860

PRIX : 1 FRANC

## PARIS

### A LA LIBRAIRIE THÉATRALE

14, RUE DE GRAMMONT

1860

# RITA

ou

# LE MARI BATTU

OPÉRA COMIQUE EN UN ACTE

# RITA

## ou

# LE MARI BATTU

OPÉRA COMIQUE EN UN ACTE

# RITA

ou

# LE MARI BATTU

Opéra comique en un acte

PAR

## M. GUSTAVE VAEZ

MUSIQUE DE

## DONIZETTI

Représenté pour la première fois, à Paris, sur le théâtre de
l'Opéra-Comique, le 7 mai 1860

PARIS

## A LA LIBRAIRIE THÉATRALE

14, RUE DE GRAMMONT

—

1860



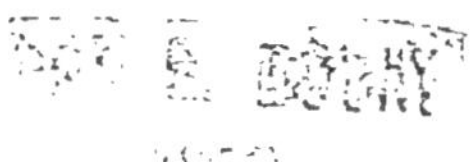

# ATTILA

## ou

## LE MARI BATTU

Opéra comique en un acte

par

### Mr GUSTAVE VAEZ

musique de

### DONIZETTI

PARIS

À LA LIBRAIRIE THÉÂTRALE

1846

Voici comment l'histoire de cette pièce a été racontée par M. Achille Denis, dans la *Revue et Gazette des Théâtres* :

*Rita*, la petite pièce de Donizetti, est une partition originale dont l'authenticité ne peut être mise en doute. Cet ouvrage fut écrit par le célèbre maestro dans la dernière année de sa vie. Il se promenait un soir sur le boulevard des Italiens, il était triste ; depuis huit jours il n'avait rien à mettre en musique, et composer était un véritable besoin pour Donizetti. Rencontrant M. Gustave Vaëz, son ami, son collaborateur pour la *Favorite:* « Sauvez-moi la vie, lui dit-il, en me donnant tout de suite le moindre petit acte, pour que je puisse travailler. » Un sujet bouffe fut convenu, et Donizetti se hâta de rentrer avec les paroles du premier air, dont la musique se trouvait faite le lendemain quand M. Gustave Vaëz apporta les paroles du second morceau. La besogne continua ainsi, et, au bout d'une semaine, tout fut terminé: livret, chant et orchestration (1).

(1) Je puis ajouter ici un détail : lorsque je lus à Donizetti les paroles de certains morceaux, il lui arriva de saisir mon feuillet, d'y tracer vivement les cinq lignes d'une portée musicale et de noter tout d'un jet le motif chanté dans son cerveau pendant ma lecture. J'ai conservé ces curieux autographes. Du reste, on ne sera pas étonné d'apprendre que la partition de *Rita* fut écrite en huit jours : le quatrième acte de *la Favorite* n'a-t-il pas été composé en quelques heures ! On l'a dit, et je puis le certifier. Mais, ce prodige ne s'est pas accompli lorsque la pièce était en répéti-

La pièce fut accueillie comme une bonne fortune par M. Crosnier, alors directeur du théâtre de l'Opéra-Comique; pourtant elle ne fut pas jouée; voici pourquoi:

Donizetti devait écrire pour l'Opéra-Comique un ouvrage en trois actes, destiné à passer au commencement de l'hiver. M. Auber, la Providence du théâtre, vainement sollicité de livrer une partition pour cette époque, avait répondu qu'il ne pouvait être prêt, et qu'il choisissait le mois de mars suivant. Dans cette situation, M. Crosnier ne pouvait mieux faire que de s'adresser à Donizetti. Un contrat fut signé. M. Auber, qui l'ignorait, avertit quelques jours après M. Crosnier, qu'il prenait décidément le mois de novembre. Grand fut l'embarras du directeur; mais, avec un peu d'adresse, il espérait s'en tirer.

Donizetti, qui n'était pas rompu aux finesses de la diplomatie [...] tion à l'Opéra. C'est, je crois, M. Castil-Blaze qui, le premier, a publié cette erreur, bien des fois reproduite. Loin d'avoir été ajouté comme une rallonge, ce quatrième acte fut, au contraire, la cause et le point de départ de la pièce. Donizetti ayant vendu une partition au théâtre de la Renaissance, nous donna pour programme, à Alphonse Royer et à moi, un cloître, des moines et une grande désolation. Depuis longtemps il rêvait une composition de ce genre, et la censure italienne avait toujours été un empêchement à la réalisation de ce désir. Nous donnâmes à Donizetti ce qu'il demandait; l'acte du cloître a donc fait partie intégrante de la pièce dès l'origine. Mme Thillon, MM. Laborde et Zelger l'ont répété au théâtre de la Renaissance, et l'étude des chœurs en a été dirigée par M. Cornet, aujourd'hui chef des chœurs à l'Opéra-Comique. Le cantabile: Fernand, imite la clémence fut ajouté à l'Opéra, sur la demande de M. Léon Pillet, mais, sauf ce morceau, l'acte entier avait été créé par Donizetti dans une nuit de sublime inspiration.

G. V.

matie française, ne comprit rien d'abord aux précautions oratoires de M. Crosnier; puis, ayant deviné ce dont il s'agissait: « Eh! répondit-il, est-ce que c'est notre traité qui vous gêne? Je n'ai pas l'habitude de faire jouer ma musique par sommation d'huissier. » Et, prenant le traité, il le déchira. Mais, un peu blessé, il ne voulut pas livrer la partition de la petite pièce bouffe qui devait passer d'abord. Malheureusement pour M. Crosnier, M. Auber changea d'avis au bout de quelques jours et prévint qu'il ne serait prêt que pour le mois de mars.

M. Basset, devenu directeur du théâtre de l'Opéra-Comique, trouva dans ses cartons le livret du petit opéra bouffe, et proposa à M. Gustave Vaëz de mettre la pièce à l'étude immédiatement. Donizetti se trouvait déjà atteint de la cruelle maladie cérébrale qui avait anéanti cette grande intelligence; il s'éteignait dans une maison de santé à Issy, et son frère, chef des musiques militaires du sultan de Constantinople, ne jugea pas convenable, alors que le pauvre maestro agonisait, de livrer une œuvre de lui aux discussions de la critique. Donizetti, mourant, fut transporté à Bergame, sa patrie. Il y rendit le dernier soupir, et les scellés furent mis sur ses papiers, parmi lesquels se trouvait la partition de *Rita*.

Adolphe Adam, qui connaissait l'existence de cette petite pièce, voulut la monter à l'Opéra-National lorsqu'il en était directeur; M. Gustave Vaëz écrivit à Constantinople et reçut de M. Joseph Donizetti cette réponse: « Il m'est impossible, Monsieur, d'accepter, quant à présent, votre offre gracieuse; je ne suis qu'un co-héritier de mon bien regretté frère Gaëtan, et les partitions du maître sont encore indivises entre nous. »

Les choses restèrent en cet état pendant plusieurs années.

M. Joseph Donizetti mourut, son fils racheta les droits des autres cohéritiers et vint à Paris avec la partition de *Rita*, que M. Gustave Vaëz proposa à M. Perrin, directeur de l'Opéra-Comique.

M. Perrin demanda s'il était bien positif que ce ne fût pas un *pastiche*. M. Gustave Vaëz lui donna sa parole d'honneur qu'il avait vu Donizetti composer tous les morceaux au fur et à mesure que les paroles lui étaient apportées : « Cette garantie est suffisante pour moi, répondit M. Perrin ; mais vous ne pourrez pas aller donner votre parole à tous ceux qui seront tentés de soupçonner une spéculation de notre part. »

M. Gustave Vaëz proposa de former un jury, qui aurait à prononcer sur l'authenticité de la partition, écrite entièrement de la main de Donizetti et signée par lui.

On choisit, d'un commun accord, les personnes qui étaient le plus aptes à prononcer sur la question, non-seulement au point de vue de l'art et du style, mais encore par l'expertise de l'écriture. Les juges désignés furent :

M. Duprez, qui avait créé *Lucia di Lammermoor* à Naples, *les Martyrs*, *la Favorite*, *Dom Sébastien* à Paris ;

M. Leborne, qui a dirigé sur les manuscrits originaux la copie des ouvrages que Donizetti a donnés à l'Opéra ;

M. Dietsch, qui, envoyé à Bergame, il y a quelques années, par M. Nestor Roqueplan, alors directeur de l'Opéra, pour compulser la musique posthume de Donizetti, avait trouvé parmi les papiers sous séquestre la partition de la pièce sur laquelle il s'agissait de prononcer ;

M. Vauthrot, chef du chant à l'Opéra-Comique ;

Et M. Robin, chef de copie.

Ce jury se réunit sous la présidence de M. Perrin ; l'auteur de cet article remplit les fonctions de secrétaire. Les questions furent ainsi posées :

« La partition de *Rita* est-elle authentique, écrite entièrement de la main de Donizetti, inédite, vierge, complétement orchestrée, toute prête, en un mot, à être livrée à la copie et mise à l'étude? »

Si la déclaration du jury n'était pas affirmative sur chacun de ces points, le traité fait avec M. Perrin devenait nul de plein droit.

On examina la partition avec soin, et, à l'unanimité, les juges affirmèrent qu'aucun doute ne pouvait s'élever sur les questions qui leur étaient soumises. Il fut reconnu, en outre, qu'évidemment la musique de *Rita* avait été composée après les paroles et exprès pour la pièce française.

Le procès-verbal de cette déclaration fut rédigé séance tenante et signé par MM. Duprez, Leborne, Dietsch, Vauthrot et Robin.

Pourquoi la pièce n'a-t-elle pas été jouée tout de suite? On ne peut supposer que ce soit par indifférence de M. Perrin; il y aura eu des tâtonnements pour la distribution des rôles; quoi qu'il en soit, c'est à M. Nestor Roqueplan qu'on devra le plaisir d'entendre le dernier ouvrage du maître qui a écrit *Lucie, la Favorite* et *Don Pasquale*. L'authenticité de *Rita* est reconnue déjà par un jury; bientôt le public pourra juger que, par l'abondance et la fraîcheur des mélodies, par l'élégance et l'habileté de la facture, par l'esprit et la gaîté du style, cette partition est une des œuvres les plus charmantes qu'ait signées Donizetti.

Achille DENIS.

1.

## PERSONNAGES

RITA, maîtresse d'une hôtellerie........  Mᵐᵉ FAURE-LEFEBVRE.
PEPPE, son mari.....................  MM. WAROT.
GASPARO, planteur....................  BARIELLE.
UN GARÇON D'AUBERGE.

Paris. — Typ. Morris et Cie, rue Amelot, 64.

# RITA, OU LE MARI BATTU

Extérieur d'une hôtellerie italienne; à gauche le bâtiment. Une table et des chaises de chaque côté du petit enclos, formé par une vigne qui s'accroche à des piliers de pierre.

## SCÈNE PREMIÈRE

RITA *entre, tenant une corbeille, regarde autour d'elle avec satisfaction, et dit :*

De mon auberge ainsi l'apparence est coquette,
Mon cœur est gai..., je chante..., et, ma foi, je le puis...
Jamais femme n'eut lieu d'être aussi satisfaite
De son destin que je le suis.

Mon ménage et l'auberge,
Tout prospère à souhait;
Je devrais un beau cierge
Pour le sort qui m'est fait.
La maison et l'hôtesse
Savent plaire aux chalands,
Si pour eux je m'empresse,
Eux pour moi sont galants.
L'un me dit : « Viens, ma belle,
Avec moi viens causer...
— Çà, nenni! l'on m'appelle...
Bonsoir!... Aïe!... un baiser!...

Mon mari qu'on dit bête,
L'est un peu; j'en fais cas;
Il n'agit qu'à ma tête,
Obéit sans débats.

> Sans souffrir qu'il raisonne,
> Je permets, je défends :
> « Fais ceci, je l'ordonne,
> « Fais cela, je l'entends. »
> Par un mot je m'explique :
> « Je le veux, ça me plaît. »
> Si, parfois, il réplique,
> Alors, clac,... un soufflet.
>
> Mon mari, qu'on dit bête,
> L'est un peu, j'en fais cas;
> Il n'agit qu'à ma tête,
> S'il dit non, je le bats,
> Je le bats, je le bats.
>
> O vous, jeunes fillettes,
> Dans le choix que vous faites,
> Songez-y, mes pauvrettes;
> Pour maris, les niais,
> Croyez-moi, sont parfaits.
> Suivez bien mes recettes,
> Épousez un niais.

Ah! je puis remercier la madone de tous les malheurs qui me sont arrivés : je perds mon mari, ma maison brûle... avec tout le village, désespérée, je viens m'établir ici, j'achète cette auberge, sur la route de Gênes à Turin... je me remarie... et me voilà la femme la plus heureuse... Quelle différence entre mon petit Peppe et l'autre!... le premier! un mari qui bat sa femme... Quelle horreur! Aussi, pour qu'il n'en fût pas de même en secondes noces, j'ai pris l'avance, et, de temps en temps, clic! clac!... Une fois tous les huit jours... Je suis en retard, c'est une faute... mais aussi, je ne trouve pas toujours l'occasion... Il est si gentil, mon petit Peppe... et je l'aime tant! (*Elle reprend la corbeille et va cueillir du raisin.*)


# SCÈNE II

RITA, PEPPE. *Il sort de l'auberge précipitamment, et comme désespéré; à la vue de Rita, il s'arrête avec effroi.*

> C'est elle... je frémis!...; apprenant le malheur
>   Qu'étourdiment ma main vient de commettre,

Dieu sait ce que la sienne, en sa mauvaise humeur,
Sur ma figure, hélas! va se permettre.

RITA, *revenant.*

Ah! te voilà, mon-cher mari,
Mon bon Peppe, mon tout chéri.

PEPPE.

Oui, c'est moi, c'est moi, ma bonne.
(*A part.*)
Et mais, vraiment,
Quel air charmant!
Quelle douceur! elle m'étonne.

RITA.

Tout est-il bien rangé, là-bas?

PEPPE.

Parfaitement.

RITA.

De toi je suis contente.

PEPPE, *à part.*

Elle est de moi contente.

RITA.

Que notre sort est doux!

PEPPE.

Combien son air est doux!

RITA.

Ton zèle ici m'enchante.

PEPPE.

Sa bonne humeur m'enchante.

RITA.

Mon homme, embrassons-nous.

PEPPE.

Allons, rassurons-nous.

RITA.

Mais, voyez ce nigaud. Ah! quel piteux visage!
Un baiser sur ma joue...

**RITA**

**PEPPE,** *à part.*

Après, viendra l'orage!

**RITA.**

Eh! mais, pourquoi
Cet air d'effroi?
Allons, monsieur embrassez-moi.

(*Elle lui tend la joue; Peppe l'embrasse.*)

**RITA.**

Je suis de toi contente.

**PEPPE.**

Elle est de moi contente.

**RITA.**

Que notre sort est doux!

**PEPPE.**

Combien son air est doux!

**RITA.**

Ton zèle ici m'enchante.

**PEPPE.**

Sa bonne humeur m'enchante.

**RITA.**

Mon homme, embrassons-nous.

**PEPPE,** *à part.*

Allons, rassurons-nous.
Pour lui faire ma confidence,
Profitons de la circonstance.

**RITA.**

A quoi rêves-tu donc? Parle, mon cher Peppe.

**PEPPE,** *avec crainte.*

C'est que je suis préoccupé.
D'un malheur... d'une maladresse...

RITA.

Hein! qu'est-ce encor?...

PEPPE.

Si je confesse
Ma faute... Oh! ne vous fâchez pas.

RITA, *impatientée.*

Parleras-tu?

PEPPE.

Voyez-ma peine...
Votre tasse de porcelaine...
Tout à coup, patatras!...
Je l'ai fait voler en éclats.

RITA.

Ma tasse avec devise!

PEPPE.

C'est un petit malheur,

RITA.

Toujours quelque sottise!

PEPPE.

Apaise ta fureur,

RITA.

Va! grand inutile,
Bélitre, vaurien,
Vaurien, vaurien, vaurien, vaurien!
Niais, imbécile,
Tu n'es bon à rien;
A rien, à rien, à rien, à rien!
J'ai fait belle emplette!
Quel sot mal pétri!
Combien je regrette
Mon autre mari!

PEPPE.

Si, dans la rivière,
Quelqu'un, par bonté,

            Avec une pierre,
        Garçon m'eût jeté !
        Mais la noce est faite,
        J'en suis bien marri ;
        C'est moi qui regrette
        Son autre mari !
    Apaise-toi... j'ai tort, mais je l'avoue ;

*Il se met à genoux devant Rita, qui s'est assise en boudant près de la table à gauche.)*

    Qu'un doux baiser, tendrement, sur ta joue...

                    RITA.

        Hein !... sur la tienne voilà
        Comme j'en donne...
*(En se levant elle lui donne un soufflet, et rit en cachette.)*

        PEPPE, *se frottant la joue.*

            Oh la ! la ! la !

    RITA, *le contrefaisant avec espièglerie.*

            Oh la ! la ! la !

                    PEPPE.

        Si, dans la rivière,
        Quelqu'un, par bonté,
        Avec une pierre
        Garçon m'eût jeté !
        Mais la noce est faite,
        J'en suis bien marri.
        C'est moi qui regrette
        Son premier mari !

                    RITA.

    Va ! grand imbécile !

                    PEPPE.

    Gronder est facile.

                    RITA.

    Tu n'es bon à rien !

                    PEPPE.

    Jamais rien n'est bien !

RITA.

J'ai fait belle emplette!
Quel sot mal pétri!

FEPPE.

Toujours on soufflette
Son Peppe chéri.

RITA.

Combien je regrette
Mon autre mari!

PEPPE.

C'est moi qui regrette
Son premier mari!

*(Rita, sur le seuil de l'auberge, envoie des baisers à son mari qui ne la voit pas.)*

# SCÈNE III

## PEPPE, *seul, se frottant la joue.*

Voilà mes arrérages! Chaque semaine autant, et quelquefois le double... les dimanches et les jours de fête... et ce sera toujours comme ça, puisque je suis marié. Au diable! celui qui a imaginé de faire durer le mariage toute la vie! Il n'y a que l'homme pour avoir de ces idées-là... il est le seul dans toute la création... Je dois avoir une joue plus rouge que l'autre... Mais, c'est aujourd'hui dimanche, un second soufflet ne se fera pas attendre; tâchons, au moins, de le recevoir de l'autre côté...

# SCÈNE IV

PEPPE, GASPARO, *venant de la grande route, une valise à la main.*

GASPARO, *avec l'accent provençal.*

Holà! quelqu'un!

PEPPE.

Voilà !

GASPARO.

J'ai soif.

PEPPE.

Asseyez-vous.

GASPARO.

Ça ne sera pas suffisant pour me désaltérer.

PEPPE, appelant.

Carlo, du vin !

GASPARO.

Deux verres !

PEPPE.

Deux verres.

GASPARO.

Et deux bouteilles ! Vous êtes le maître ici?...

PEPPE.

A vos ordres.

GASPARO.

Vous êtes bien heureux...

PEPPE, se frottant la joue.

Oui... (Un garçon apporte les bouteilles et les verres.)

GASPARO.

Vous boirez bien un coup avec moi?

PEPPE.

Je n'ai pas soif.

GASPARO.

Si on ne buvait que lorsqu'on a soif, on ressemblerait aux animaux... Allons, mettez-vous là ? (Il prend la bouteille, puis la remet sur la table.) Diable de bras !

PEPPE.

Il vous fait mal?

GASPARO.

Une misère... Heureusement, le bon Dieu y a pourvu... le voisin est là. (*Il verse de la main gauche.*) A votre santé! (*Voyant Peppe, qui se frotte la joue.*) Ah ça, qu'est-ce que vous avez donc à vous frotter la joue?

PEPPE.

Rien; ça m'amuse.

GASPARO, *regardant.*

Mais non... on dirait qu'elle a reçu... Est-ce que quelqu'un vous aurait?...

PEPPE, *se levant.*

Quelqu'un?... par exemple!... du tout! C'est ma femme..

GASPARO, *se levant.*

Sa femme! Oh! oh! oh !! Et vous permettez?...

PEPPE.

Si vous croyez qu'elle demande la permission?...

GASPARO.

Une femme battre son... Mais, c'est impardonnable, ça!... Dans un bon ménage, bien tendre, bien uni, c'est le mari qui bat sa femme.

PEPPE.

Le mari?

GASPARO.

A la russe... J'y ai été, moi, en Russie, et j'ai étudié les mœurs maritales... Essayez avec votre femme, vous vous en trouverez bien tous les deux...

PEPPE.

Ah! oui... elle crierait...

GASPARO.

On crie plus fort.

PEPPE.

Elle m'égratignerait!

GASPARO.

On égratigne plus fort. Ah! troun de lair! si j'étais à votre place!... Moi aussi, j'ai été marié... même deux fois... et il fallait voir comme les choses marchaient avec ma première femme; il est vrai qu'elle était douce... très-douce...

COUPLETS.

I

Mon ménage pour modèle,
Au pays vraiment passait;
Jamais bruit, jamais querelle,
Car ma femme obéissait.
Il est vrai que par système,
Je châtie autant que j'aime,
Et j'aime fort.
J'aime très-fort,
Mais trop d'amour serait un tort,
Il faut se faire un programme
Et savoir s'y conformer :
On peut bien battre sa femme,
On ne doit pas l'assommer.

II

Quelquefois, avec astuce,
De travers on manœuvrait;
Aussitôt geste à la Russe,
Et dans l'ordre tout rentrait.
Car, fidèle à mon système,
Je châtie autant que j'aime,
Et j'aime fort.
J'aime très-fort,
Mais trop d'amour serait un tort;
Il faut se faire un programme
Et savoir s'y conformer :
On peut bien battre sa femme,
On ne doit pas l'assommer.

*(Retournant s'asseoir et buvant.)* Au reste, c'est une fatigue

d'avoir à battre sa femme... aussi quand je me suis remarié, il
m'est venu une idée : à la fin du repas des noces, je donnai à
ma nouvelle épouse une bonne petite... (*Il tourne le bras en
manière de battre*); c'était au dessert.

PEPPE, *allant s'asseoir.*

Au dessert! et pourquoi donc?

CASPARO.

Pour lui dire ceci tout simplement : « Chère amie, tu vois
comme je tape, je suis donc persuadé que tu épargneras à
mon amour le désagrément de devoir recommencer trop
souvent. » Eh bien! cette femme-là m'aurait adoré, j'en suis
certain, si un ordre d'embarquement... car j'étais marin, et
le soir même de ma noce... rappelé à bord! On part, on s'en
va au diable, une tempête nous jette à la côte; je suis pris
par des anthropophages... qui avaient dîné heureusement; je
m'échappe, et un beau jour, j'apprends que je suis veuf.

PEPPE, *avec envie, se levant.*

Veuf!

GASPARO, *se levant aussi.*

A ce que m'a dit un camarade du pays, un marin que j'ai
rencontré au Canada, où je me suis fait planteur; et après
quatre ans d'absence, je viens chercher l'acte de décès de ma
femme, de mademoiselle ma femme, attendu que je compte
me remarier.

PEPPE.

Encore ?

GASPARO.

Toujours. Une Canadienne superbe, qui attend mon retour
pour me donner sa fortune et sa main; et je vous réponds que
tout se passera de même que le jour de mes secondes noces...
à la russe : il n'y a que ça.

PEPPE.

Ah! si j'osais...

GASPARO.

Osez! voilà du courage. (*Il retourne à la table et verse à boire.*)

PEPPE.

Eh bien ! je veux essayer.

GASPARO.

Bravo ! je vous soutiendrai... je reste ici jusqu'à demain !

PEPPE, *s'attablant.*

Encore un verre, et je suis votre conseiller.

GASPARO.

Bien. Votre femme ne se refroidira pas pour ça, au contraire.

PEPPE.

Vous croyez?

GASPARO.

Quand le feu ne va plus, qu'est-ce qu'il faut? — Un peu de fagot.

PEPPE.

C'est juste.

## SCÈNE V

LES MÊMES, RITA.

RITA.

Eh bien !

PEPPE, *se levant interdit.*

Ah! c'est elle.

RITA.

Voilà comme tu travailles?

PEPPE, *tremblant.*

Ma femme... j'étais...

RITA.

A boire... paresseux...

PEPPE.

Mais non, je... je demandais ses papiers à ce voyageur qui passe la nuit chez nous.

GASPARO, *prenant un passeport dans son portefeuille.*

Voilà, voilà! on n'est pas un vagabond! (Il remet son passe-port à Peppe.)

RITA.

Allons, tu les as, ces papiers... à ta besogne.

PEPPE, *à Gasparo.*

Je n'ai pas pris une assez forte dose de courage.

RITA.

Allons, allons!

PEPPE, *à part.*

Il est veuf, lui.

## SCÈNE VI

RITA, GASPARO.

GASPARO, *à part.*

Voyons donc cette commère. (Il se lève, s'approche de Rita qui se retourne. Ils restent tous deux stupéfaits.) Oh! mon Dieu!

RITA, *à part.*

Ciel!

GASPARO, *à part.*

Quelle ressemblance !

RITA, *à part.*

Cette figure !...

GASPARO, *à part.*

Mais non ! puisqu'elle a péri dans un incendie.

RITA, *à part.*

Impossible ! puisqu'il s'est noyé.

GASPARO, *à part.*

C'est égal, c'est bien étonnant.

RITA, *à part.*

Ne nous troublons pas. (*Haut.*) Monsieur compte s'arrêter dans cette auberge ?

GASPARO.

M'arrêter... Peut-être, ma belle hôtesse... (*A part.*) A tout hasard déroutons-la. (*Haut.*) Je viens de Gênes pour les affaires de mon commerce.

RITA, *à part.*

Un marchand !

GASPARO.

Et je retourne à Chambéry, où je demeure... depuis quinze ans !

RITA, *commençant à se rassurer.*

Depuis quinze ans !

GASPARO.

Au fait, ma femme doit s'impatienter de mon absence...

RITA, *à part.*

Ce n'est pas lui ! Dieu merci.

GASPARO.

Je vais donc vous payer cette bouteille, et continuer doucement ma route... (*A part.*) Comme si le diable était sur mes talons.


# SCÈNE VII

LES MÊMES, PEPPE.

PEPPE, *accourant.*

Oh! là! là! qu'est-ce que je viens de voir!

RITA.

Eh! bien, quoi?...

GASPARO.

Qu'avez-vous? (*Peppe les regarde avec étonnement.*)

RITA.

T'expliqueras-tu?

PEPPE.

Vous causiez ensemble...

RITA.

Eh bien? après?

PEPPE.

Rien... C'est que... c'est... (*A part.*) C'est singulier...

RITA.

Allons, fais le compte de ce voyageur et retourne à ton ouvrage. Je n'aime pas que mon mari s'amuse à boire avec des gens que je ne connais pas. (*A part.*) Je me suis trompée, je l'espère. (*Elle sort.*)

## SCÈNE VIII.

## PEPPE, GASPARO.

### GASPARO.

Adieu l'ami. J'ai changé d'idée, je ne m'arrête pas ici.

### PEPPE.

Au contraire, vous vous y arrêtez l'ami, car ma femme... est votre femme.

### GASPARO.

Hein ? ce n'est pas vrai ! troun de l'air ! ce n'est pas vrai !

### PEPPE.

Pas vrai ?... et l'acte de mariage que madame Rita possède... et qui porte que son mari se nommait Gasparo Sbrigani comme sur votre passeport. (*Il tire le passeport de sa poche et lit :* « Gasparo Sbrigani, né à Marseille, Bouches- » du Rhône. »

### GASPARO.

Du tout : nez aquilin, bouche moyenne.

### PEPPE.

C'est possible, mais vous êtes Gasparo Sbrigani, que votre femme a cru noyé.

### GASPARO, *à part.*

Je suis pris.

### PEPPE.

Et vous qui la croyiez défunte... Vous voilà assortis comme il faut... Deux revenants ! Ainsi, je fais des vœux pour votre bonheur... Portez-vous bien... Je m'en vais.

GASPARO, *le retenant.*

Un instant donc!... C'est impossible... (*A part.*) Et ma Canadienne! (*Haut.*) Je conçois que vous ayez envie de vous débarrasser de votre femme... mais...

PEPPE.

Moi? Une femme excellente! qui faisait mon bonheur!... Mais vos droits détruisent les miens. Je m'en vas.

GASPARO, *le retenant.*

Mon cher ami, si c'est ma femme, je suis charmé certainement de la retrouver en vie... Mais je vous l'ai dit, nous n'avons été mariés qu'à moitié, et du moment qu'elle fait votre bonheur... je ne veux pas vous priver...

PEPPE.

Comment?

GASPARO.

C'est un sacrifice que je vous fais.

PEPPE.

Je ne le souffrirai pas.

GASPARO.

J'ai de l'amitié pour vous.

PEPPE.

Et moi je sais trop ce que je dois à mon ancien.

GASPARO.

C'est votre femme, après tout.

PEPPE.

Après vous.

GASPARO.

Ah! si nous faisons assaut de générosité...

PEPPE, *à part.*

Il m'a bien l'air de ne pas vouloir la reprendre.

GASPARO, *de même.*

Il me fait l'effet de vouloir s'en débarrasser.

PEPPE.

Portons le cas devant le juge.

GASPARO, *à part.*

Aie!... (*Haut.*) Devant le juge... soit. Est-ce que vous connaissez les lois, vous?

PEPPE.

Non.

GASPARO.

Bien!... Je les connais, moi... et vous risquez de faire pendre votre femme comme bigame.

PEPPE, *naïvement.*

Tiens, tiens, tiens...

GASPARO.

Et vous aussi.

PEPPE.

Moi!... pendu!

GASPARO.

Allons! chez le juge!

PEPPE.

Du tout... diable!

GASPARO.

Je vous proposerais bien de nous battre, pour que le survivant...

PEPPE.

Non pas!...

GASPARO.

Il faut pourtant décider qui de nous restera l'heureux possesseur...

PEPPE.

Attendez?

> Il me vient une idée...
> Pour qu'entre nous,
> Tous deux époux,
> La querelle soit vidée,
> Sans nous faire aucun mal,
> Jouons.

GASPARO.

Jouer... oui, c'est original.

(*A part.*)

Il n'est pas fin, et je pourrai, je pense...

PEPPE, *à part.*

Je puis tricher, c'est du moins une chance.

GASPARO.

Faisons nos accords.

PEPPE.

C'est cela.

GASPARO.

A quel jeu jouons-nous la dame ?

PEPPE.

A la *morra*.

GASPARO.

C'est dit.

PEPPE.

En six points.

#### GASPARO.

Touchez là.
Celui qui, le premier, les a, garde la femme.

#### PEPPE.

C'est entendu.

#### GASPARO.

C'est convenu.

#### ENSEMBLE.

Je joue à qui perd gagne ;
L'hymen est un vrai bagne,
De perdre il faut tâcher.
Gagner par tromperie,
C'est une volerie ;
Pour perdre on peut tricher.

#### GASPARO.

Commençons.

#### ENSEMBLE, *jouant* (1).

Cinq... neuf... huit...
Six... huit... sept...

#### GASPARO.

Un point pour vous, l'ami.

#### PEPPE.

J'en conviens.

#### ENSEMBLE.

Huit... cinq... neuf...
Six... cinq... sept...

(1) Le jeu de la *morra*, très-populaire en Italie, consiste à dire un nombre qui ne peut dépasser dix, pendant que chaque joueur ouvre autant de doigts qu'il le veut de sa main droite ; lorsque le nombre nommé correspond au nombre de doigts ouverts par les deux joueurs, celui qui a rencontré juste gagne un point.

PEPPE.

C'est un pour vous-même.

ENSEMBLE.

Neuf... sept...
Six... huit...

PEPPE.

Pour vous.

ENSEMBLE.

Six... huit...
Cinq... trois...

GASPARO.

Voici votre deuxième.

PEPPE.

Non, le pouce est fermé.

GASPARO.

Vous l'ouvrez à demi !
C'est tricher, mon fin compère,
Que vouloir le retrancher.

PEPPE.

Pensez-vous, mon cher confrère,
Que pour perdre, on veuille tricher ?

ENSEMBLE.

Je joue à qui perd gagne ;
L'hymen est un vrai bagne,
De perdre il faut tâcher.
Gagner par tromperie,
C'est une volerie ;
Pour perdre on peut tricher.

GASPARO.

Poursuivons.

ENSEMBLE.

Sept... neuf... dix...
Six... cinq... huit...

PEPPE, *indiquant que Gasparo vient de gagner un point.*

Ah ! ah !

GASPARO.

Oui, je l'avoue,
Cela fait deux points pour moi.

PEPPE.

Cela fait trois !

GASPARO.

Deux !

PEPPE.

Trois !

GASPARO.

Lorsque je joue,
J'y mets de la bonne foi.

PEPPE.

Vous vous trompez, c'est le troisième

GASPARO.

Non.

PEPPE, *s'échauffant.*

Si... vous devez l'avouer...,
Cela fait trois...

GASPARO.

C'est le deuxième.

PEPPE.

Eh bien, je ne veux plus jouer.

GASPARO.

Alors, puisqu'à ce jeu chacun de nous chamaille,
Remettons au hasard...

PEPPE.

Comment ?

GASPARO.

La courte-paille.

PEPPE.

J'y consens.

(*A part.*)
Si le ciel est juste, je perdrai.
(*Ramassant à terre deux brins de paille.*)
Voilà ce qu'il nous faut.

GASPARO.

C'est moi qui les tiendrai.

PEPPE.

Non pas, c'est moi... La plus grande a la femme...
(*Gasparo tire une longue paille; Peppe saute de joie.*)
C'est vous!... mon compliment, et de toute mon âme.
J'ai perdu, quel bonheur!

GASPARO.

J'ai gagné, quel malheur!

## ENSEMBLE.

PEPPE.

J'ai perdu, quel bonheur!
Du hasard, ô faveur!
Paille chère à mon cœur
Quel plaisir j'ai dans l'âme!
A moi-même rendu,
Ne pas être pendu.
Quel bonheur, j'ai perdu,
J'ai perdu ma femme.

GASPARO.

J'ai gagné, quel malheur!
Que le sort est flatteur!
Je perdais de bon cœur...
Oh! j'enrage en mon âme!
Par la mort, épargné,
J'étais donc désigné.
Pour bien pis, j'ai gagné,
J'ai gagné ma femme!

PEPPE, *riant.*

Il paraît, mon ancien, que vous avez de la chance au jeu?

GASPARO.

Oui...

PEPPE.

Vous voilà chez vous, prenez possession.

GASPARO.

Eh bien! soit; je vais... (*A part.*) Je vais prendre mon ba-
gage et filer au plus vite. (*Il entre dans l'auberge.*)

# SCÈNE IX

PEPPE, seul.

Ah! libre, libre comme l'oiseau qui trouve sa cage ouverte...
Je respire à l'aise... Tout semble plus gai autour de moi...
J'ai envie de danser comme si j'étais piqué de la tarentule...
Je grimperais dans les arbres comme un écureuil... Je suis
mon maître... plus de querelles! plus de soufflets!! plus de
femme!!!

> Je suis joyeux comme un pinson,
> Je suis heureux, je suis garçon.
>> Tra, la, la, la.
>> Que de maris
>> Voudraient, sur terre,
>> En paradis
>> Leur ménagère!
>> Moi, je suis veuf,
>> C'est bien plus neuf,
>> Sans que ma femme
>> Ait rendu l'âme.
> Je suis joyeux comme un pinson,
> Je suis heureux, je suis garçon,
>> Tra, la, la, la.
>
>> Je ne crois pas
>> Qu'une sirène,
>> A ses appas
>> Encor me prenne.

Petit poisson ;
Lorsqu'il s'échappe,
Plus ne s'attrappe
A l'hameçon.
Je suis joyeux comme un pinson,
Je suis heureux, je suis garçon,
Tra, la, la, la, la.


# SCÈNE X

## PEPPE, RITA.

RITA, *sortant de l'auberge.*

Tu parais bien gai ?

PEPPE.

Mais oui, je me sens de bonne humeur... et je chante...

RITA.

Ça t'est venu bien vite.

PEPPE.

Quand on a des raisons...

RITA.

Des raisons... et lesquelles ?

PEPPE.

On vous dira ça, ma femme.

RITA.

Mon homme, prends garde, je n'ai pas beaucoup de patience, tu le sais.

PEPPE, *chantant.*

Tra, la, la, la.

RITA.

Ah ! J'ai une terrible démangeaison...

PEPPE.

Tiens, tiens... il y a des gens qui feront passer ça... à la
Russe! (*Il rentre vivement dans l'auberge.*)

## SCÈNE XI

RITA, *puis* GASPARO.

RITA, *seule*.

Hein!... Qu'est-ce qu'il a dit? Oh! il faut qu'il y ait quelque chose d'extraordinaire... sans cela jamais il n'eut osé...
si ce voyageur était... ce que j'ai cru d'abord... (*Apercevant
Gasparo qui sort de l'auberge.*) Ah! si ce n'est pas lui, c'est
le diable!

GASPARO, à part.

Cette imbécille qui parle d'ameuter tout le village pour
m'empêcher de partir. (*Apercevant Rita.*) C'est elle! si elle y
consentait, nous ferions un petit contrat de veuvage sous seing
privé. Essayons. (*Il s'approche.*) Madame.

RITA, avec frayeur.

Que me voulez-vous?

GASPARO.

Ce que je veux?... mais peut-être... achever notre dessert?

RITA, à part.

C'est lui!

GASPARO.

Ne reconnais-tu pas ton Gasparo?

RITA, froidement.

Gasparo... il est mort.

GASPARO.

Du tout, échappé du naufrage, chère petite femme... les
requins savent que je serais dur à digérer... et me voilà

RITA.

Monsieur, je suis mariée.

GASPARO.

Je sais... un peu avec moi d'abord.

RITA, *vivement.*

Je vous défie de le prouver.

GASPARO, *à part avec joie.*

Hein !...

RITA.

Je ne vous reconnais pas.

GASPARO, *à part.*

Bravo !

RITA.

Les registres où mon mariage a été inscrit sont brûlés.

GASPARO.

Brûlés !

RITA.

Avec tout le village.

GASPARO.

Alors, plus aucune preuve.

RITA.

Dieu merci !

GASPARO, *à part.*

O ma Canadienne !

RITA.

Moi seule, je possède l'acte...

GASPARO, *à part.*

Ah diable ! (*Haut.*) Tu possèdes l'acte ?

RITA.

Oui.

GASPARO.

Il n'a pas été brûlé avec les registres?

RITA.

Non.

GASPARO.

Et tu le conserves soigneusement?

RITA.

Oui.

GASPARO.

Pourquoi donc ?

RITA.

C'est mon idée.

GASPARO, *à part.*

Oh oh! une petite femme qui a pris un remplaçant..... et qui voudrait me garder dans la réserve.... Mari en congé, qu'elle peut rappeler au service si les cadres sont incomplets. Non pas.... je veux mon congé définitif.—Soyons tendre et pressant.        (*Avec une exagération bouffe.*)

O chère âme !<br>
Chère femme !<br>
Ton mari revient plein d'ardeur ;<br>
Il t'adore,<br>
Il t'implore,<br>
Rends-lui l'acte de son bonheur.

RITA.

Plus de pacte,<br>
Non, cet acte<br>
Est celui qui fit mon malheur.<br>
Va, ta peine<br>
Sera vaine ;<br>
Ça n'est pas possible à mon cœur.

GASPARO.

Puisqu'ici, cœur de tigresse,
Vainement ma voix te presse,
Tu veux donc me voir mourir ?

RITA, *ironiquement.*

Monsieur veut se divertir ?

GASPARO.

Au fil de l'épée
Faut-il me passer ?
La gorge coupée,
Dans l'eau me lancer ?
Veux-tu me voir prendre
De la mort-aux-rats ?
Me fendre, me pendre ;
Choisis mon trépas.

RITA.

Pour ta doléance
N'attends rien de moi ;
Ta femme, d'avance,
Est quitte envers toi.
J'ai, sur ton naufrage,
Déjà larmoyé ;
Or, pour mon usage,
Tu restes noyé.

GASPARO.

Ta résistance, hélas ! me tue.
Dis-moi pourquoi cette rigueur ?

RITA.

Je ne veux plus être battue.

GASPARO.

Quoi ! c'est cela qui te fait peur ?

RITA.

C'est bien assez.

GASPARO.

Ma chère femme,
Apprends combien je suis changé.

RITA.

Ça m'est égal ; je le proclame,
Un meilleur lot m'est adjugé.

GASPARO.

Rends-moi notre acte,
Et je rétracte
Tous les coups que je te donnai ;
Jamais plus je ne te battrai.

RITA.

A d'autres!...

GASPARO.

Crois-moi, j'en ferai
La promesse solennelle ;
Dans notre union nouvelle,
C'est toi qui me battras..
Tu me souffletteras,
Me frotteras,
M'assommeras.

RITA, fièrement.

Monsieur, je ne vous connais pas.

GASPARO, à part.

Oh! j'enrage! (Haut.) Ma chérie...

RITA, avec hauteur.

Qu'êtes-vous? (A part.) Bravo! du front.

GASPARO, à part.

Patience! (Haut.) Tendre amie!

RITA.

Insolent! (A part.) Ça le confond.

GASPARO.

Si j'éclate!... (Haut.) Vois ma peine!

RITA.

Je m'en moque. (A part.) Tenons bon.

GASPARO, à part.

La coquine! (Haut.) Sois humaine,
Rends-moi l'acte...

RITA.

Non, non, non!

ENSEMBLE.

GASPARO.

Rends-le-moi, ne dis plus non.

RITA.

Quatre cent mille fois non.

GASPARO, *tombant à genoux.*

Rends-moi l'acte, chère femme.

RITA.

Non.

GASPARO, *à part.*

La coquine! (*Haut.*) Chère âme,
Rends-le-moi.

RITA.

Non, monsieur, non!

GASPARO.

Ouf!

# SCÈNE XII

## LES MÊMES, PEPPE.

PEPPE, *sortant de l'auberge avec son paquet au bout d'un
bâton de voyage.*

Ah!... je vois que la reconnaissance est faite.

RITA.

Qu'est-ce que c'est?... où vas-tu?

PEPPE.

Je pars, puisque voilà votre mari.

**RITA.**

Cet homme est un imposteur....

**PEPPE.**

J'ai vu ses papiers...

**RITA.**

Tu as mal vu.

**PEPPE.**

Par exemple, les mêmes noms que sur votre acte de mariage...

**RITA.**

Je te dis que tu n'as rien vu, ainsi laisse là ton paquet. (*A Gasparo*). Et vous, passez votre chemin. (*Elle dépose. sur la table à gauche, le paquet et le bâton qu'elle a pris à Peppe.*)

**GASPARO, *bas à Peppe.***

Avec moi elle craint d'être battue, et vous lui en avez fait perdre le goût. Mais écoutez... (*Il continue à lui parler bas*).

**RITA, *les observant.***

Qu'est-ce qu'ils complotent là ?

**GASPARO, *bas à Peppe.***

C'est le moyen de la ramener à moi. (*A part.*) Et de rattraper ce maudit acte. (*Haut.*) Cette maison est une auberge, et j'espère qu'avant de me remettre en chemin, il sera permis de me rafraîchir.

**RITA.**

Comment donc... c'est notre devoir d'accueillir les étrangers, et nous le remplissons avec plaisir, envers tous... les étrangers. (*Elle disparaît un moment et revient avec une bouteille de vin*).

**GASPARO, *pendant que Rita est sortie.***

Allons, ferme! vous avez compris.

PEPPE.

Oui, oui, vous allez voir. (*Gasparo s'assied à gauche, Rita lui verse à boire*).

PEPPE, *à part.*

Heureusement il est là, ça me donnera du cœur. (*Haut.*) Par la madone ! madame Rita, expliquons-nous.

RITA.

Hein ! qu'est-ce que c'est que ce ton-là ?

PEPPE, *intimidé.*

C'est plus difficile que je ne croyais.

GASPARO, *toussant pour le stimuler.*

Hem ! hem !

PEPPE.

Cet homme est-il votre mari, oui ou non ? S'il l'est, je lui cède la place ; s'il ne l'est pas, je vous défends de faire la coquette avec lui.

RITA.

Vous me défendez ?

PEPPE, *moitié tremblant, toujours encouragé par les signes de Gasparo.*

Oui, je vous défends, parce que je suis le maître, parce que je veux être obéi.

GASPARO, *à part.*

Il va, il va, le petit.

RITA.

On vous a fait la leçon.

PEPPE.

C'est possible, et j'en ai profité, et je vous réponds qu'on ne se moquera plus de Peppe dans le village, parce qu'il est battu par sa femme. Oh ! oh ! ça va marcher autrement.

RITA.

Et moi je me laisserai conter fleurette par tous les garçons;
j'aurai des galants : dix, vingt, trente à la fois, qui me don-
neront des bouquets, des présents, des chansons : je ne vous
aime plus, et prenez garde à vous! Ce n'est pas seulement des
maris battus qu'on rit dans le village. (*Peppe, qui a reculé
devant Rita, sent venir dans sa main le bout du bâton que
Gasparo lui tend.*)

PEPPE, *s'approchant avec le bâton qu'il a pris.*

Ah! vous ne m'aimez plus! et bien! quand le feu s'éteint
il faut du fagot. (*Il frappe la terre avec son bâton.*)

RITA.

Miséricorde! au secours! (*Passant derrière Garparo.*) Dé-
fendez-moi!

GASPARO, *se levant pour contenir Peppe.*

Mon ami, mon ami! ne battez pas votre femme! ça ne m'est
arrivé qu'une seule fois et je m'en suis toujours repenti. (*A
voix basse.*) Allez! allez!

PEPPE, *bas.*

Je comprends. (*Elevant la voix.*) Je la battrai si j'en ai envie, ça ne vous regarde pas.

RITA, *éplorée.*

Que vais-je devenir?

GASPARO, *bas à Peppe.*

Provoquez-moi, j'ai mon idée.

PEPPE.

Bon. (*Haut.*) La terre ne peut plus nous porter tous les deux,
il faut que l'un ou l'autre... (*Bas.*) C'est pour rire, au moins.

GASPARO.

Allez donc!

RITA, *à part.*

Je ne le reconnais plus.

PEPPE.

Suivez-moi.

GASPARO.

Me battre? impossible, mon garçon.

PEPPE.

Tu refuses!

GASPARO, *feignant de soulever son bras droit avec peine.*

Voyez, j'ai perdu l'usage de mon bras.... un coup de hache d'abordage. (*A Rita.*) Je ne peux plus lever la main.

RITA, *à part.*

Il est manchot!

PEPPE.

Il est manchot!

GASPARO.

Je suis manchot!

ENSEMBLE.

RITA.

O découverte!
L'heureuse perte
De son bras, certe,
Est un bon lot.
Je puis, j'espère,
De sa colère
Ne craindre guère :
Il est manchot!

PEPPE.

La découverte
De cette perte
Change tout, certe,
Ne soufflons mot.
Malheur prospère!
Il va, j'espère,
Bien plus lui plaire,
Il est manchot!

GASPARO.

La découverte
De cette perte
Changera, certe,
Tout le complot.

Ma ruse opère ;
Ils ont affaire
A fin compère
Qui n'est point sot.

GASPARO, *à Peppe.*

La bouteille, tantôt... vous l'avez vu peut-être ?
Avec ce bras je n'ai pu la tenir.

PEPPE.

Sans doute...

RITA, *à part, vivement.*

Il ne peut donc me battre à l'avenir.
Et Peppe qui menace, et qui me parle en maître...
Oh ! je prends mon parti.
(*Haut.*) Gasparo..., mon mari
Je consens à te reconnaître.

GASPARO, *à part.*

Ah !

RITA.

Cher Gasparo !

GASPARO, *câlinant.*
Mon doux agneau !
PEPPE, *avec bonheur.*
Ah ! quel tableau.

GASPARO, *à Rita.*

Notre contrat de mariage ?
RITA.

Le voïci.
GASPARO.

Je le tiens !
PEPPE.

Bravo !
Je n'attendais pas davantage.
Adieu, madame Gasparo.
GASPARO, *l'arrêtant.*

Doucement... Par mon adresse,
Enfin l'acte est rattrapé.
Vous restez... moi je vous laisse.
Adieu, madame Peppé.
RITA *et* PEPPE.
Que dit-il ?

GASPARO.

À moi la preuve...

PEPPE.

Vous, partir?

RITA, *à Gasparo.*

Je t'ai repris,
Je ne veux pas rester veuve
A la fois de deux maris.

GASPARO, *montrant Peppe.*

Garder l'un, si bon vous semble.

RITA, *avec effroi.*

Lui!

PEPPE, *à Gasparo, s'échauffant.*

Restez, ou pour de bon,
Nous allons nous battre ensemble.
(*A part.*)
Un manchot!

GASPARO, *réfléchissant, à part.*

C'est un poltron.
(*Haut.*)
Soit, j'accepte la partie,
Touchez-là. (*Il lui tend la main.*)

RITA, *étonnée.*

Le prendre au mot!

PEPPE, *à qui Gasparo serre vigoureusement la main.*

Aïe! aïe! aïe!... il m'estropie!

PEPPE *et* RITA.

Quoi! vous n'êtes pas manchot?

GASPARO, *riant.*

Une ruse.

PEPPE *et* RITA.

O ciel! le traître!

GASPARO.

Pour reprendre ce contrat,
Et pour l'anéantir.

(*Il le met en morceaux.*)
Je suis à vous, mon maître ;
Battons-nous, c'est mon état.


ENSEMBLE.

PEPPE.

J'ai la mort sur la face,
J'ai mon sang qui se glace,
Je me vois sur la place,
Étendu raide mort !
Nul espoir dans mon âme,
Car, après balle ou lame,
Je retombe à ma femme,
Si j'échappe à la mort.

GASPARO.

Il faudra, quoi qu'il fasse,
Qu'il demeure à ma place ;
Il fera la grimace,
Mais il craint trop la mort.
Lorsque j'ai cru ma femme
Défunte, elle est bigame !
Et j'irais, en bonne âme,
La reprendre à mon bord ?

RITA.

Le trompeur, quelle audace !
Par son rire, il m'agace ;
Que ne puis-je, à la face,
Le frapper. Quel transport !
Me venger de sa trame,
Et le battre... Ah ! trédame !
Quel plaisir pour mon âme,
S'il n'était le plus fort !


GASPARO.

Attendez-moi, je vais chercher mes armes ! (*Il disparait un moment dans l'auberge.*)

RITA.

Mais il va te tuer !

PEPPE.

Tant mieux ! Quand je serai mort, ce brutal vous reprendra, il vous rebattra, et ce sera bien fait ! Je vas me faire tuer pour vous punir... et après... nous rirons.

RITA.

Maudit retour... nous étions si heureux !

PEPPE.

Oui ! et les soufflets que tu me donnais ?

RITA.

Je craignais tant d'en recevoir.

PEPPE.

Ce n'est pas une raison pour faire à un autre...

RITA.

Mais aussi, est-ce que je ne t'aimais pas ?... Est-ce que je ne dorlottais pas mon petit Pepe... mon petit mari chéri ?

PEPPE.

C'est vrai !

RITA, *pleurant.*

Et je vais le perdre à présent !

PEPPE.

Oui. (*Il pleure aussi.*)

GASPARO, *revenant.*

Eh bien ! mon brave ?

PEPPE.

Me... me voilà !

GASPARO.

Là-bas, dans le petit clos. (*Il montre de grands pistolets.*)

PEPPE.

Ciel ! quels pistolets !

GASPARO.

C'est l'affaire d'un instant... une vraie partie de plaisir...

PEPPE.

Ah! parce que vous avez du courage, n'est-ce pas, grand fracasse!

GASPARO, *grognant.*

Hein...

PEPPE.

Parce que vous avez une grosse voix et de gros pistolets, vous voulez m'effrayer et me faire garder ma femme par force... (*Avec énergie.*) Eh bien! non, je n'ai pas peur... Ce n'est pas à cause de vos pistolets, c'est parce qu'elle m'aime, parce que je l'aime aussi, c'est pour ça que je la garde!

RITA, *se jetant à son cou.*

Ah! mon bon Pepe!

GASPARO, *gaiement.*

A la bonne heure... Et puisque je retourne en Amérique... je suis dans l'autre monde, comme vous l'avez cru... et vous restez ce que vous étiez: le mari de ma veuve.

PEPPE, *le prenant à part.*

Mais... jurez-moi une chose...

GASPARO.

Quoi?

PEPPE.

Quand vous vous êtes embarqué... vous savez... le jour de la noce... c'était bien tout de suite après le dessert?

GASPARO.

Parole d'honneur!... le temps d'appliquer mon système... voilà tout!... Je vous l'ai enseigné...

PEPPE.

Chut! j'en profiterai!

GASPARO.

Mais il faut à mon programme
Sagement te conformer...
Tu pourras battre ta femme,
Tu ne dois pas l'assommer.

**PEPPE.**

Je connais votre système :
« Châtier autant qu'on aime. »
J'aimerai fort !

**GASPARO.**

Mais pas trop fort ;
L'excès d'amour serait un tort.

**RITA,** *à Peppe.*

Mais un mari qui bat sa femme,
S'expose à maint fâcheux hasard.
Note cela sur ton programme,
Et ne te plains de rien plus tard.

**PEPPE.**

Hein ! pas de ça.

**RITA.**

Pas de tapage !
Pas de soufflets.
Jurons la paix.

**GASPARO.**

Adieu donc, bon ménage !
Vivez bien, mes amis ;
Que, grâce à mon passage,
Vous soyez mieux unis.

**PEPPE.**

Adieu donc, bon voyage,
De tout cœur je bénis
Et vais mettre en usage
Vos leçons, vos avis.

**RITA.**

Grâce à lui, mon ménage
Est gâté ; je maudis
De bon cœur, son passage,
Et surtout ses avis.


FIN

---

Paris. — Typ. Morris et Cie., rue Amelot, 64.

# ÉLOGE HISTORIQUE

## DE

## MONTESQUIOU,

LU AU LYCÉE RÉPUBLICAIN,

LE 6 GERMINAL AN VII.

Par RŒDERER, de l'Institut National.

PARIS.

Imprimerie du JOURNAL DE PARIS.

AN VII.

# DE MONTESQUIOU.

J'ai composé cet éloge pour le Lycée : je le fais imprimer pour vous. S'il est vrai que j'aie fidèlement peint votre aïeul, je dois un nouveau tribut à sa mémoire & à la patrie ; c'est de mettre son portrait dans les mains de ceux qui sont appelés les premiers à l'imiter.

*7 Germinal an VII.*

RŒDERER.